LA
COCHINCHINE FRANÇAISE

CONFÉRENCE

FAITE A LA SOCIÉTÉ DE GÉOGRAPHIE DE LYON

Le 3 juin 1880

PAR

M. C. MORICE

LYON

SECRÉTARIAT DE LA SOCIÉTÉ DE GÉOGRAPHIE

QUAI DE RETZ, 25

DÉPOT CHEZ H. GEORG, LIBRAIRE-ÉDITEUR, RUE DE LYON, 65

—

1880

LA

COCHINCHINE FRANÇAISE

LYON — IMP. PITRAT AINÉ, RUE GENTIL, 4

LA
COCHINCHINE FRANÇAISE

CONFÉRENCE

FAITE À LA SOCIÉTÉ DE GÉOGRAPHIE DE LYON

Le 3 juin 1880

PAR

M. C. MORICE

LYON

SECRÉTARIAT DE LA SOCIETÉ DE GEOGRAPHIE

QUAI DE RETZ, 25

DÉPOT CHEZ H. GEORG, LIBRAIRE-ÉDITEUR, RUE DE LYON, 65

—

1880

LA

COCHINCHINE FRANÇAISE

CONFÉRENCE

FAITE A LA SOCIÉTÉ DE GÉOGRAPHIE DE LYON

Le 3 juin 1880

MESDAMES, MESSIEURS,

Avant de vous parler de la Cochinchine, je dois un hommage à la mémoire de mon frère le docteur Morice, qui à Lyon déjà, il y a cinq ans environ, a fait dans cette même salle de la Société de géographie une conférence sur le même pays. Les personnes qui l'ont entendu se souviennent sans doute encore de quelle façon à la fois intéressante et instructive mon frère a su traiter ce sujet. Qu'il me soit permis de mettre ma conférence sous la protection de son souvenir.

Médecin de la marine, connu déjà par des travaux estimés en zoologie, il a parlé de la Cochinchine en savant et en naturaliste. Il a donné sur la faune et la flore du pays des renseignements précieux. L'anthropologie et la linguistique lui doivent beaucoup aussi. Le musée de Lyon s'est enrichi de ses dons. Mon rôle plus modeste doit se borner à faire connaître la Cochinchine au point de vue du simple voyageur, à vous parler des intérêts français dans la péninsule indo-chinoise et des avantages que peut offrir à notre commerce la possession de beaux pays qui jusqu'à ce jour lui ont été fermés.

Du voyage de France en Cochinchine, il y a peu à dire, il est bien connu.

De Toulon à Port-Saïd, première relâche des transports de l'État, l'on met environ sept à huit jours, les voyageurs rencontrent là leur premier écueil, les roulettes de Port-Saïd, et en sortent en général assez éprouvés. De là on entre dans le canal de Suez et d'ordinaire l'on s'arrête pour passer la nuit en vue d'Ismaïla, car il est rare que l'on puisse traverser le canal en un jour, bien qu'il n'ait que 85 milles. A notre arrivée à Ismaïla avec le transport *le Tarn* à la fin de janvier 1877, M. de Lesseps se trouvait dans cette ville qu'il devait quitter le lendemain pour un voyage dans la Haute-Égypte. Il eut la gracieuseté d'inviter les passagers et les officiers du bord à une soirée charmante, égayée par la colonie française d'Ismaïla, qui nous fit pour quelques heures retrouver la France dont nous nous éloignions tous pour longtemps, quelques-uns pour toujours.

Cette soirée donnée dans une délicieuse habitation, sorte de chalet coquet, entouré de jardins, et dont M. et Mme de Lesseps nous firent les honneurs avec cette amabilité si connue de ceux qui traversent le canal, restera pour moi le souvenir le plus riant de cette longue traversée.

Quelle étrange ville qu'Ismaïla, tracée d'après un plan conçu pour une ville de 100,000 âmes et qui n'en a peut-être pas encore 6,000 ; aussi que de solutions de continuité dans ces rues d'une magnifique largeur, tirées au cordeau, coupées à angles droits, mais bordées de rares maisons entourées de grands jardins. Ville agréable en somme, où l'air et l'espace sont à profusion et que l'on pourrait appeler, comme les Américains appellent Washington, la ville des distances magnifiques.

La seconde relâche est Aden, rocher aride que les Anglais ont à force d'argent transformé en une formidable position militaire. Là, le soleil commence à devenir fort dangereux et l'on y fait quelquefois durement connaissance avec cet ennemi que l'on aura constamment à combattre en Cochinchine. Dix ou douze jours après Aden, l'on arrive à Pointe-de-Galles, port de l'Ile de Ceylan et la relâche la plus agréable. La rade est mauvaise et perpétuellement agitée, mais quels beaux aspects, quels délicieux points de vue, surtout pour celui qui commence par là son entrée dans le monde de l'extrême Orient! cela vous gâte, et l'on ne trouve plus rien de beau ensuite.

En quittant Ceylan l'on se dirige sur Singapour où l'on arrive après six ou sept jours de traversée. C'est là que pour la première fois l'on se rencontre avec les habitants du Céleste-Empire, car les Chinois sont très nombreux à Singapour et tiennent dans leurs mains habiles une grande partie du commerce de cette ville.

Il ne faut que trois jours de Singapour à Saïgon. On prend un pilote au cap Saint-Jacques, car Saïgon est à quatre ou cinq heures de la mer, bien que devant la ville la rivière soit si large qu'une flotte de guerre y peut manœuvrer à l'aise.

En vérité lorsqu'on remonte la rivière de Saïgon pendant ces dernières heures qui précédent l'arrivée, on se fait une triste idée du pays que l'on va habiter. Ceylan et Singapour font tort à la Cochinchine. Des deux côtés de la rivière ce ne sont que marais, terrains noyés, îles en formation; partout à l'horizon aussi loin que peut s'étendre votre vue bornée par une végétation exubérante, de la vase, des palétuviers, des palmiers d'eau, de loin en loin une misérable cabane, par-ci, par-là seulement quelques cocotiers et quelques aréquiers qui vous reposent un peu la vue.

Enfin les sampans, ces curieux bateaux annamites que j'aurai occasion de décrire, entourent le transport, l'on débarque et l'aspect réellement civilisé, propre, bien bâti, confortable en un mot que vous offre Saïgon commence à vous réconcilier avec la Cochinchine.

Je suis bien forcé maintenant de faire un peu de géographie administrative, mais je passerai aussi rapidement que possible sur ce sujet aride.

La Cochinchine française ou basse Cochinchine, nommée par les Annamites pays de Gia-Dinh, est composée de six anciennes provinces : Saïgon, Bin-Hoa, Mytho, Vinh-Long, Chaudoc et Hatien. Ces six provinces forment quatre circonscriptions dites de Saïgon, Mytho, Vinh-Long et du Bassac. Ces circonscriptions

sont elles-mêmes divisées en dix-neuf arrondissements administrés par des fonctionnaires français et annamites.

Le chef-lieu de chacun de ces arrondissements porte le même
nom que l'arrondissement lui-même auquel on l'a étendu. La
position est en général bien choisie, soit sur un bras important du fleuve ou au confluent de plusieurs bras, soit sur un
point plus élevé et par conséquent plus sain que le reste de l'arrondissement, soit enfin à l'endroit où se tient le marché le plus
considérable. Pour quelques-uns, Travinh et Soctrang, par
exemple, le point de vue stratégique a été sacrifié au point de
vue sanitaire. Sur tous les points choisis comme chefs-lieux
d'arrondissement se sont élevées des constructions sérieuses :
fort, inspection, télégraphe, église, école, etc., enfin les maisons
d'habitation des fonctionnaires français, autour desquelles sont
venues se grouper petit à petit les maisons des fonctionnaires
indigènes, les cases des miliciens et de leurs grouillantes fa-
milles, les boutiques des marchands chinois, annamites et
quelquefois français.

Le principal commerce auquel ils se livrent est naturellement
celui des matières et denrées de consommation : conserves, vins,
liqueurs, ustensiles et récipients divers, lampes, huiles d'olive,
de pétrole, de coco, d'arachide, riz, bétel, noix d'arec, fruits
divers, jouets d'enfants de fabrique chinoise qui, sur ce point, fait
là-bas par ses bas prix et la quantité d'objets grotesques et bril-
lants qu'elle produit une désastreuse concurrence aux articles
de Paris. Le coût des transports à cette distance et le fini de nos
articles français obligeant de les vendre à de hauts prix, les
mettent dans l'impossibilité d'entrer en sérieuse lutte avec les
articles chinois auxquels d'ailleurs sont habitués les indigènes,
aussi se vend-il fort peu des nôtres.

Viennent ensuite les fumeries d'opium, les débits de vin de riz,
les restaurants chinois ou annamites avec leurs étalages fort
peu appétissants pour nous, de chapelets de saucisses, de canards
séchés, de morceaux de porc à débiter, de gélatines tremblot-
tantes, d'une quantité de   ses étranges aux odeurs fades ou
âcres formant un total re   ant.

Je parlais tout à l'heure du peu de succès des produits de l'industrie française auprès des Annamites, je dois en excepter un article qui a eu là-bas un succès prodigieux, ce sont de petites bouteilles de verres de diverses couleurs, affectant la forme soit d'un homme grotesquement affublé d'un grand chapeau, soit d'un animal et contenant des liqueurs à bon marché.

Il n'est presque pas de case annamite, même dans l'intérieur, où l'on ne retrouve ces petites bouteilles qui se fabriquent à Marseille, je crois.

Les principales agglomérations de la colonie sont : d'abord Saïgon, la capitale, ville presque entièrement française, bien bâtie en partie sur l'emplacement de l'ancienne ville indigène, mais mieux comprise, à rues larges et bordées de beaux arbres. Il a fallu, pour la faire ce qu'elle est actuellement, combler des marais qui l'entouraient et l'empêchaient de s'étendre. Saïgon aujourd'hui forme une ville très habitable, renfermant toutes les commodités d'une grande ville d'Europe que son palais du gouvernement, sa nouvelle église, ses marchés, son hôpital et les autres grandes constructions de la marine ne dépareraient nullement.

Avant peu Saïgon sera reliée à la grande ville de Cholen par une ligne de tramways à vapeur ; il est question aussi de la doter de l'éclairage électrique, ce qui la mettra au niveau des plus grandes villes d'Europe, dont quelques-unes en France même et des plus riches et des plus populeuses, n'ont encore de tramways, que le nom peint sur les caisses de leurs antiques omnibus.

Saïgon peut avoir aujourd'hui, non compris ses faubourgs et sa population flottante, 30,000 habitants dont environ 12,000 Français civils ou militaires. Le reste, à part quelques Anglais, Allemands, Espagnols etc., se compose d'Annamites, Chinois, Malais Hindous, Manillais et des métis de toutes ces races.

Après Saïgon il faut citer Cholen, la ville chinoise qui n'en est éloignée que de six kilomètres et demi et qui possède environ 50,000 habitants chinois et annamites en majeure partie. Les rues de cette ville sont plus étroites en général que celles de Saïgon, mais peu à peu elles se tracent d'une façon moins chinoise, les cloaques disparaissent, ne laissant de chinois que l'originalité des constructions avec leurs toitures recourbées, leurs peintures multicolores, leurs sculptures étranges et grotesques.

Cette ville est le point le plus commerçant de la colonie, dont on peut même dire qu'elle centralise tout le commerce d'importation et d'exportation avec Hong-Kong, Singapour, le Cambodge et la Chine.

Mytho est après Cholen le centre le plus important du pays, c'est un des points préférés des Annamites et qui a pour eux une grande attraction. Il est souvent difficile de se procurer à Saïgon un domestique qui veuille vous suivre dans un des autres postes de l'intérieur, mais pour aller à Mytho l'on en trouve tant que l'on veut.

Mytho est très commerçant ; situé au confluent du grand fleuve et de l'arroyo de la Poste, il est admirablement placé, et son aspect avec ses grandes avenues bordées de cocotiers est des plus riants. La Compagnie de bateaux à vapeur de la maison Roque met Mytho à douze heures de Saïgon et par conséquent à portée de toutes les ressources de la grande ville. J'ai habité Mytho un an et demi environ et vraiment je ne regrette pas trop mon long séjour dans cette ville où j'avais fini par me créer d'agréables relations.

Vinh-long, située plus loin de Saïgon, sans avoir comme agglomération l'importance de Mytho, est cependant à nommer comme point de passage considérable des bateaux, jonques ou sampans chinois, annamites ou cambodgiens, qui vont à l'ouest ou en reviennent. C'est là que demeurait la famille Phan-Thanh-Gian, gouverneur pour l'Annam des provinces de Vinh-long Chaudoc et Hatien, conquises et jointes aux trois premières en 1867. Phan-Thanh-Gian, homme d'un grand caractère et d'un rare mérite, s'empoisonna de désespoir de n'avoir pas su mieux défendre les provinces que son souverain lui avait confiées.

Sadec, à quelques heures seulement de Vinh-long, est une ville presque à demi chinoise au milieu du pays annamite. Elle est fort riche et forme un centre de commerce important.

Chaudoc enfin, dernière ville considérable à citer, est la plus éloignée dans l'ouest; elle est admirablement placée au point de jonction de trois grands bras du fleuve et renferme un curieux village malais établi là depuis un temps très ancien. C'est la seule agglomération d'hommes de cette race en Cochinchine. Ce village est là comme perdu au milieu des populations annamites toutes différentes de mœurs et de coutumes. Chose singulière, ces Malais, tout en épousant volontiers des femmes du pays, mènent une vie à part entre eux et ne se mêlent pas à la population indigène, ne prenant part ni à ses querelles ni à ses fêtes.

Puisque j'ai ici occasion de parler des Malais, je dois dire qu'ils ont en Cochinchine une réputation justifiée d'honnêteté et de moralité.

Chaudoc renferme aussi des Cambodgiens ; quand on remonte le fleuve, allant vers l'ouest, c'est dans cet arrondissement qu'on commence à rencontrer les Cambodgiens autrement qu'isolés : ils sont là établis en villages assez nombreux.

La race annamite plus petite que la nôtre (1ᵐ 29 en moyenne pour l'homme et 1ᵐ 52 pour la femme) fait partie de cette branche de la race mongole appelée indo-chinoise. Le teint est brun plutôt que jaune, avec toutes les nuances du brun foncé au blanc. Elle conquit la basse Cochinchine dès l'an 1663. Cette race autrefois n'occupait que le Tonquin, mais, douée d'une grande force d'expansion, elle conquit presque tout le pays qui est aujourd'hui l'empire d'Annam, enleva la basse Cochinchine aux Cambodgiens qui l'occupaient, et aujourd'hui encore elle envahit incessamment le royaume de Cambodge. Cette invasion toute pacifique du reste est à encourager comme devant un jour faciliter notre tâche, alors que nous nous déciderons à annexer le Cambodge à la Cochinchine.

La langue annamite est fort difficile à apprendre à cause de ses subtilités de prononciation qui font que le même mot n'ayant de différence que dans l'accentuation peut signifier vingt choses fort opposées. Elle n'a jamais eu, que l'on sache, d'écriture propre avant que les Chinois ne fussent venus lui imposer leurs caractères. La langue chinoise, ce que l'on appelle la langue caractère, devint même alors la langue officielle dans l'Annam. Les missionnaires portugais qui arrivèrent plus tard adaptèrent les caractères latins à la langue annamite et en rendirent enfin l'étude possible pour nous. Ce genre d'écriture se nomme *quoc-ngu*. L'Annamite affecte dans son langage vis-à-vis de l'Européen un purisme bien fait pour irriter, venant surtout de la part de l'Annamite des villes, de Saïgon particulièrement. Parlez-lui annamite, il affectera bien souvent de ne pas vous comprendre dès qu'il aura pour prétexte une erreur ou une faute de prononciation qui lui permette d'avoir l'air de prendre le change sur vos intentions et quoiqu'en réalité il ait fort bien compris. Cela est si vrai que vis-à-vis d'un domestique par exemple, il suffit de joindre à la parole un geste bien énergique soit de la main, soit du pied, pour que tout de suite il comprenne parfaitement, sans plus s'attacher trop à vos fautes de prononciation.

L'Annamite est du reste d'un caractère doux et soumis ; il n'est pas naturellement méchant et s'il est quelquefois cruel, c'est à la façon des enfants dont il a toute la légèreté. Je ne parle ici bien entendu que de la basse classe, du peuple. Son plus grand défaut c'est sa rare aptitude pour le mensonge ; il ment avec une candeur, un aplomb impertubable, en face même de la preuve de son mensonge dans lequel il s'obstine toujours et quand même.

Un autre défaut c'est son ingratitude, son amour du changement, il ne s'attache pas. Bien traité par vous et tout en ayant l'air de vous être reconnaissant et dévoué, il vous quittera brusquement et sans le moindre regret. Au service d'un Européen, il le quittera pour un autre qui ne le payera pas davantage, abandonnant même quelquefois ce qui lui est dû, ne recherchant l'argent que pour le dépenser de suite en beaux vêtements de soie, en belles ceintures, quitte s'il veut jouer ou satisfaire n'importe quelle autre fantaisie, à revendre quelques jours après ses beaux habits à moitié prix. Ne tenant enfin pas à l'argent pour l'argent, vivant au jour le jour, n'ayant besoin que de peu pour vivre, heureux somme toute et sans souci de l'avenir.

L'homme de la haute classe est autre, il a tous les défauts de l'homme du peuple et n'en a pas même les qualités négatives.

Cruel, vindicatif, rapace et hypocrite, se faisant craindre seulement, ne tenant pas à l'estime ni à l'affection du peuple, pourvu qu'il ait les apparences du respect. Souple envers ses supérieurs, arrogant avec ses inférieurs, ne s'entendant avec ses égaux que pour exploiter le peuple, la classe des mandarins qui a tout perdu à notre conquête est seule à nous haïr et tous les soulèvements partiels, toutes les difficultés que rencontre notre administration viennent d'elle et d'elle seulement.

Ceux mêmes des chefs indigènes qui nous doivent leur avancement, leur fortune et sont intéressés au maintien de notre domination ne sont pas moins gênants ni moins dangereux pour nous que ceux qui désirent notre départ. Dans le but d'augmenter leur importance, d'obtenir de nous quelques nouvelles distinctions ou de se faire croire indispensables, ils ont plus d'une fois soudoyé des mouvements insurrectionnels qu'ils étaient ensuite chargés de réprimer et dans lesquels ils savaient englober leurs ennemis personnels. Trop redoutés de la population, des fonctionnaires en sous-ordre et même de nos interprètes, ils écrasent sous leur despotisme, à l'ombre et avec l'appui de notre drapeau, les populations dont l'administration leur est confiée. On connaît leurs agissements, le peuple en murmure tout bas, mais ils savent lier à leurs affaires trop de gens influents compromis avec eux pour avoir rien à craindre. Les preuves de leurs concussions seraient d'ailleurs difficiles à faire; on ne pourrait avoir que des preuves morales; la terreur qu'ils inspirent ne permettrait pas à un seul Annamite d'oser témoigner contre eux. Il appartient au nouveau gouverneur, qui paraît vouloir rompre avec les routines du passé, de délivrer la Cochinchine de ce fléau, de faire comprendre aux Annamites par des exemples frappant en haut que la justice française est une et qu'elle existe pour les grands comme pour les petits.

A propos de la justice française, vous avez sous les yeux le plan des villes de Saïgon, Cholen et des territoires environnant formant ressort des tribunaux français. Les Annamites qui habitent en dedans de cette ligne sont soumis à la juridiction française, ceux qui habitent en dehors relèvent du code annamite

traduit par M. le lieutenant de vaisseau Philastre et mi-
tigé dans ses dispositions les plus cruelles. Ce code est appliqué
dans chaque arrondissement par des administrateurs français
chargés de la justice et dont il peut être appelé devant le tribunal
supérieur dit de la justice indigène siégeant à Saïgon. Ces deux
juridictions différentes en bien des points essentiels créent une situation assez étrange. Ce qui selon l'un des deux codes est crime
ne sera que délit selon l'autre; ce qui amène cette chose bizarre
d'un Annamite condamné dans un endroit à plusieurs années de
prison pour une faute qui n'aura valu à son voisin qu'une simple
amende.

Un exemple : le code annamite punit très sévèrement le vol
commis en plein jour, le traitant d'acte de piraterie, tandis qu'il
a des douceurs inconnues à notre code pour le vol de nuit, même
avec effraction, le traitant de vol furtif, partant de ce principe
que le vol audacieux qui viole la loi au grand jour est plus cou-
pable que celui qui cache son méfait dans l'obscurité. Il est à remarquer pourtant que le vol nocturne est beaucoup plus souvent
accompagné de l'assassinat, qu'il peut, dans presque tous les
cas, y entraîner le voleur et se trouve toujours compliqué de la
préméditation, ce qui n'arrive pas nécessairement dans le vol au
grand jour. On sait qu'il en est autrement pour le code français
par lequel le vol de nuit est puni bien plus sévèrement que le
vol de jour.

Il est facile de comprendre quel désordre des juridictions
aussi opposées doivent causer dans les idées de justice des Annamites. Ne vaudrait-il pas mieux ne leur appliquer qu'un seul
des deux codes, soit le nôtre, soit le leur, soit un mélange intelligent des deux servant de transition naturelle à l'application du
nôtre seul, pour plus tard?

Je ne m'appesantirai pas davantage sur ce sujet déjà traité avec
plus de compétence par un avocat de Saïgon, M. Blancsubé.

Du reste, au point de vue de l'application des lois, la Cochinchine est un pays fort en retard. Il semblerait naturel, et bien
certainement c'est ce que veulent nos législateurs, que tout
Français dans un pays français fût soumis aux lois françaises

Si cette illusion existe dans leur esprit, qu'ils la perdent. Ils peuvent faire des lois en France, la Cochinchine en ignore jusqu'à ce que le gouverneur juge le moment propice pour promulguer telle ou telle loi existant déjà en France depuis nombre d'années. La loi s'incline là-bas devant un arrêté du gouverneur qui peut à son gré retarder indéfiniment la promulgation des lois françaises en Cochinchine. Ainsi, pour ne citer qu'un exemple, la contrainte par corps, abolie en France depuis nombre d'années, continue à fleurir en Cochinchine et cela simplement parce que la loi d'abolition n'a pas été promulguée dans la colonie.

L'orgueil d'un citoyen anglais à l'étranger est surtout de pouvoir dire que partout où il va il emporte à la semelle de son soulier les lois de son pays, le citoyen français n'en peut pas dire autant.

De même que le gouvernement militaire a retardé longtemps l'essor de l'Algérie, de même le gouvernement autoritaire des amiraux a nui beaucoup à la Cochinchine. Militaires de l'armée de terre ou de mer s'inquiètent peu des facilités à donner au commerce ou à l'industrie. Je suis loin de vouloir diminuer le mérite et l'importance du militaire, mais à chacun son rôle, à lui la conquête, à d'autres la colonisation. Il était vraiment temps que pour favoriser cette seconde période en Cochinchine, on mît à sa tête un gouverneur civil. Malheureusement certaines fautes sont irréparables ; les messageries froissées par un de nos gouverneurs amiraux ne reviendront sans doute pas sur la décision prise de renoncer à mettre leur tête de ligne et leurs chantiers à Saïgon, comme cela était leur intention. Plusieurs Compagnies coloniales venues là-bas avec des capitaux sérieux, ont vu mettre à leurs projets tant d'obstacles au lieu des encouragements qu'elles étaient en droit d'attendre, qu'elles ont été porter ailleurs leurs capitaux et leur industrie. Qu'à l'avenir, au moins, de telles erreurs ne soient plus commises.

La production la plus importante de la Cochinchine est le riz qui donne lieu au principal commerce et forme la base de la nourriture des Annamites. Les rizières couvrent une étendue de près de 350,000 hectares, sur 60,000 kilomètres de superficie générale, et l'exportation atteint 400,000 tonnes annuellement. Ce commerce et cette culture sont loin cependant d'avoir acquis tout leur développement; bien des parties basses non cultivées pourraient être transformées en rizières et l'immense plaine des joncs, qui occupe à elle seule un quart de la colonie, pourrait au moyen de drainages intelligents être rendue à la culture. C'est surtout avec Hong-kong, Java, Singapour, que se fait le plus grand commerce d'exportation de riz; le reste est vendu en Chine, dans l'Annam, l'Amérique du Sud, Manille, Bourbon, etc.

Il en arrive peu en France, le haut prix des transports à si longue distance fait que ce commerce offre peu de bénéfices.

Un autre grand commerce est celui du poisson salé ou séché, provenant du grand lac du Cambodge et dont notre colonie n'est guère que l'intermédiaire entre la Chine, Singapour et le Cambodge. Le grand lac Ton-le-sap contient en quantités incroyables une sorte de poisson ayant un peu le goût et l'aspect de la morue et qui, soit séché, soit salé, s'exporte aisément. Le grand lac étant partagé entre le Cambodge et le Siam, une partie de ses produits s'écoule vers Bang-kok, mais la plus grande partie descend le Mekong pour aller attendre dans les magasins chinois de Cholen, les bateaux qui l'emporteront à l'étranger, en Chine principalement. Les Annamites consomment aussi ce poisson, mais son prix relativement élevé l'empêche d'entrer pour beaucoup dans l'alimentation de la basse classe.

Il faut citer ensuite le bétel, sorte de liane de la famille du poivre, cultivé pour sa feuille qui, enduite de chaux rose faite avec des coquillages, sert à envelopper et à compléter la chique formée par un morceau de noix d'arec et un peu de tabac à fumer.

La noix d'arec est le fruit de l'arêquier, le plus gracieux et le plus flexible des palmiers; on la coupe en morceaux qui, légèrement grillés ou séchés, entrent dans la composition de la chique que tout Annamite homme ou femme a presque continuellement à la bouche.

Cette habitude des Annamites leur noircit les dents et leur

donne une salivation rougeâtre des plus désagréables à voir.

Le coton est peu cultivé en Cochinchine et les indigènes n'emploient guère dans leurs vêtements que des cotonnades chinoise s ou anglaises. D'heureux essais ont tout dernièrement été tentés au Cambodge où le coton réussit très bien.

Le tabac est l'objet d'une culture assez importante ; le plus estimé est celui cultivé chez les Moïs de Long-thanh. Le tabac apporté du Cambodge est aussi très recherché des Annamites. Cependant tous les essais faits jusqu'à ce jour pour tirer parti dans nos manufactures des tabacs de la colonie n'ont donnés que des résultats peu encourageants ; ils contiennent une proportion trop élevée de nicotine et peu ou point de potasse, ce qui les rend toxiques et peu combustibles. Les Annamites cependant les fument de préférence aux nôtres sous forme de cigarettes exclusivement, contrairement aux Chinois qui ne fument que la pipe et le cigare.

La canne à sucre n'est pas l'objet d'un commerce sérieux ; elle se vend en détail dans les marchés pour être mangée ou plutôt mâchée par les indigènes qui en sont très friands.

Quelques usines annamites à Baria et à Bien-Hoa fabriquent cependant, avec des moyens très primitifs, un sucre assez bon, mais qui se consomme en Cochinchine seulement ; l'exportation en est absolument nulle.

Le mûrier est cultivé dans la basse Cochinchine, surtout dans les îles et sur le bord des fleuves, l'espèce est le *morus indica*, mûrier nain, qui se plante par boutures et produit desuite. Après la récolte des feuilles et l'élève du ver à soie on coupe l'arbuste au ras du sol.

Dans l'état actuel de la soie en Cochinchine, elle ne peut pas fournir une branche importante de commerce. Les Annamites n'ont pas, dans la colonie du moins, un seul centre de production qui puisse servir de point d'appui à un grand atelier ; il ne trouverait pas la matière première nécessaire à l'alimenter. La maison Frankfort et Samuel l'a vainement essayé. L'industrie séricicole est dans l'enfance en Cochinchine ; la production en est petite et dispersée. Dans chaque arrondissement plusieurs villages s'en

occupent, et chacun isolément vend ses produits fabriqués à
l'état de soieries grossières qui servent à la confection des vêtements des riches du pays. Ces soieries sont en général fort
étroites et ne peuvent pas par conséquent se plier à tous les
usages auxquels sont employées les nôtres. On ne peut cependant refuser aux tisseurs annamites une certaine habileté, vu
surtout la simplicité de leurs métiers ; leurs produits sont solides,
souples et durables ; les teinturiers indigènes savent les teindre
de couleurs vives qu'ils fixent fort bien. Ces tissus sont vendus
par des colporteurs annamites qui voyagent dans toute la Cochinchine avec un ballot sur leur dos et s'arrêtent partout dans
les marchés un peu importants pour débiter leurs marchandises.

L'indigo est cultivé en Cochinchine, surtout dans l'arrondissement de Bien-hoa, mais, de même que pour la soie et le sucre,
en quantités minimes exploitées par le producteur lui-même,
qui en vend directement le produit aux teinturiers.

Une culture plus importante est celle du poivrier qui, dans
l'arrondissement d'Hatien principalement, forme des planta-
tions assez étendues. Cette culture est une de celles qui là-bas
rapportent le plus, mais il faut savoir ou pouvoir en attendre les
résultats, car une poivrière n'est guère en rapport avant quatre
années.

Le café a été à différentes reprises cultivé en Cochinchine,
mais n'a pas encore donné des résultats bien avantageux. Le
caféier vient assez bien, mais en général ne résiste pas longtemps.

On peut en dire autant du cacao et de la vanille, cependant il
n'est nullement prouvé que ces cultures ne puissent se déve-
lopper en Cochinchine ; mais jusqu'à ce jour les essais n'ont pas
encouragé les planteurs.

Le cocotier existe presque partout en Cochinchine, principalement sur les bords de la mer et à Mytho, Bentré, Sadec, etc...
Les Annamites tirent du fruit une huile qui plus ou moins
épurée sert à divers usages, soit à brûler dans les lampes à
opium et dans les lanternes, soit à oindre les cheveux. Pour ce
dernier usage, on se sert d'une huile plus épurée, se vendant

fort cher et possédant une odeur pénétrante et fade mais très persistante, à laquelle l'Européen a bien de la peine à s'habituer, mais que l'Annamite affectionne.

Les principales fabriques d'huile sont à Mytho et à Bentré, où l'on fabrique non seulement de l'huile de coco mais aussi de l'huile d'arachides moins estimée que la première. Des centres de production ces huiles sont exportées par eau dans toute la Cochinchine.

Un produit particulier à l'Annam et qui n'est guère consommé que là est le nuoc-mam, qui est l'assaisonnement indispensable de tous les mets de l'indigène. On le fabrique partout en Cochinchine, mais plus particulièrement à Baria et dans l'île de Phuquoe, dont le nuoc-mam est très estimé. Voici comment on le prépare : on empile des poissons d'une espèce particulière dans des tonneaux ou des jarres et on laisse la fermentation se faire, puis on fait écouler dans des récipients de forme spéciale le liquide produit par cette fermentation ; c'est là le nuoc-mam. La meilleure qualité est blanche, n'a pas d'odeur et se vend fort cher. Le peuple se contente d'une qualité inférieure produite par des poissons moins fins ou provenant d'un deuxième ou d'un troisième soutirage des résidus de poissons ayant servi au nuoc-mam le plus estimé. Cette qualité inférieure exhale une odeur nauséabonde. Un bateau chargé de vases contenant du nuoc-mam se sent de loin. Le goût du bon nuoc-mam n'a cependant rien de repoussant, bien des Français en font usage et s'y habituent fort bien.

Il ne me reste plus guère à citer, en fait de produits du pays ou d'articles de commerce, que l'écaille de tortues de mer que l'on ne trouve que sur les côtes des arrondissements d'Hatien et du Rach-Gia, de les plumes de divers échassiers, du marabout principalement, très abondant dans la péninsule de Rach-Gia et dont la chasse est un monopole affermé à une Compagnie chinoise en échange d'une redevance annuelle. Ces plumes servent à faire des éventails de toute taille et de diverses formes dont on fait grand usage en Cochinchine.

La colonie renferme encore pourtant d'autres richesses peu

exploitées, ce sont les beaux bois qui dans l'est couvrent de vastes étendues et sont composés des essences les plus précieuses. Ce qui rend cette exploitation difficile, c'est l'éloignement du fleuve, le manque de routes et les difficultés des transports ; aussi les quelques parties où l'on fait des coupes, à Tay-ninh par exemple, sont situées à proximité d'une rivière ; on laisse sans les exploiter les parties trop avancées dans l'intérieur des terres ; il y a là bien des richesses laissées improductives.

Parmi ces bois les plus beaux sont le gô, bois rouge noirâtre fort lourd et très dur, qui par l'usage ou l'âge devient d'un beau noir lustré ; le trac, bois noir veiné de rouge moins dur que le gô ; il se plie à tous les travaux d'ébénisterie. Il faut citer encore le cam-xe aux stries étroites, violettes et rouges ; le cam-lai, qui lui ressemble, mais dont les bandes violettes et rouges sont plus larges ; le cheun jaune foncé, veiné de blanc ; le sao, qui est le plus employé dans l'ébénisterie en Cochinchine, et vingt autres plus beaux, plus précieux les uns que les autres et tous trop peu connus.

Des salines sont exploitées dans les arrondissements de Soc-trang et de Baria.

Je ne dirai que peu de mots des fruits, ils sont nombreux et bons : la mangue (elle existe aussi dans beaucoup d'autres pays chauds, en Amérique par exemple), le mangoustan, la pomme cannelle, le jacquier, l'ananas, la banane, etc., etc. Ces deux derniers fruits ont été apportés en France et leur goût est connu de tous ; les autres n'étant comparables à aucun de nos fruits d'Europe, il serait inutile d'essayer d'en donner une idée. En dehors des produits du pays, il existe en Cochinchine un produit exporté de l'Inde qui joue un si grand rôle dans la vie des Annamites que tout récit sur leurs mœurs doit en dire quelques mots.

C'est de l'opium que je veux parler. La vente en est affermée à une Compagnie chinoise qui entretient dans toute la colonie des sous-fermiers et des patentés, ainsi que des agents français, pour l'exploitation de ce monopole, qui, après avoir rapporté plusieurs millions au gouvernement de la colonie, en rapporte en-

core autant aux fermiers. L'opium apporté de l'Inde sous forme
de boules est préparé à Cholen, où est situé ce que l'on appelle
la bouillerie d'opium ; de là il est livré aux différents sous-fermiers ou chefs de bureau de la ferme pour être vendu au public
prêt à être fumé. Bien des contes ridicules ont été répandus au
sujet des fumeurs d'opium et des effets de cette drogue qui, prise
à petite dose est sans danger et ne procure au fumeur aucun de
ces beaux rêves, aucune de ces extases dont parlent tant de ro-
mans. Il est certain seulement que l'opium exagère l'état dans
lequel vous étiez avant de fumer ; que vous soyez triste ou joyeux
il poussera un peu plus loin cet état antérieur. De plus, sans vous
endormir, bien au contraire même, il vous fait éprouver un vrai
besoin d'étendre vos membres et vous procure, non le sommeil,
mais un repos agréable sans lui. Malheureusement la modéra-
tion là comme en bien d'autres choses est difficile ; on en vient
petit à petit à augmenter les doses, l'opium devient alors un
maître exigeant, une habitude indispensable ; fumer à certaines
heures est pour le fumeur d'opium un besoin, la privation une
véritable souffrance.

Arrivé à ce degré, c'est une passion qui absorbe toutes les autres, à laquelle on sacrifie tout, on ne mange presque plus et
encore ne le peut-on plus sans le secours de la pipe, le sommeil
fuit, on passe alors sa nuit à fumer ; on finit par passer à cela
tous les instants que l'on peut avoir, par employer à acheter la
précieuse drogue l'argent qui vous était nécessaire pour vivre
ou vous habiller. Le malade, car arrivé là c'est une vraie maladie, s'affaiblit graduellement et finit par s'éteindre comme une
lampe sans huile. Si toutefois un accès de fièvre pernicieuse ou
toute autre maladie inhérente au climat ne l'emporte pas avant,
son état de faiblesse rendant pour lui tout accident plus dangereux que pour tout autre.

Voyons maintenant comment se fume l'opium, car c'est toute
une installation. Un lit de camp en planches, de bois précieux en
général, est installé à demeure dans l'appartement du fumeur,
c'est ordinairement sur ce lit de camp et aux alentours qu'il
met tout son luxe. Sur ce lit recouvert de nattes sont installés

deux petits matelas cambodgiens qui en tiennent les deux côtés laissant le milieu libre pour un grand plateau en bois incrusté de nacre contenant une petite lampe, une ou deux pipes en bambou, en ivoire ou en écaille avec plusieurs fourneaux de rechange; sur le plateau se trouve de plus toute une série de petits pots en corne, en ivoire ou en argent, contenant l'opium, des ciseaux, un couteau pour racler le fourneau de la pipe, une curette pour en nettoyer l'intérieur, un petit vase contenant de l'eau et une éponge pour laver de temps en temps le fourneau et enfin un petit récipient en métal pour mettre les résidus d'opium qui se revendent à la ferme ou sont fumés par les domestiques. Presque toujours le fumeur a avec lui un domestique pour lui éviter la peine de préparer lui-même ses pipes. Le fumeur est couché d'un côté du plateau la tête sur un traversin, tandis que le faiseur de pipes se couche en face de lui. Ce dernier ayant allumé la lampe, prend une longue aiguille en acier qu'il trempe dans un des petits pots contenant l'opium et qu'il présente ensuite à la flamme où le peu de matière visqueuse restée après l'acier se développe et forme une boule boursouflée que le préparateur pétrit avec l'aiguille, sur le fourneau même de la pipe, trempant l'aiguille dans l'opium d'autant plus de fois qu'il veut obtenir une pipe plus grosse. Cette opération du malaxage de l'opium est fort délicate et exige une longue pratique. Le fourneau n'est percé que d'un petit trou presque imperceptible communiquant avec le tuyau, la boulette grosse ordinairement comme la moitié d'un petit pois est posée sur ce trou préalablement chauffé à la flamme de la lampe pour faire adhérer l'opium. Le préparateur alors, avec la pointe de l'aiguille chauffée et en maintenant le fourneau de la pipe un peu au-dessus de la flamme, traverse la boulette d'un trou correspondant à celui du fourneau. Les préparatifs sont alors terminés et il passe la pipe à son maître. Celui-ci applique ses lèvres à l'extrémité du tuyau, aspire en maintenant le fourneau bien directement au-dessus de la flamme, qui grille peu à peu la boulette d'opium pendant qu'il en aspire la fumée.

Il faut une certaine habitude pour bien fumer, l'on n'y arrive pas d'un seul coup. Une pipe ne dure pas plus d'une minute et

se fume d'une seule aspiration, la moindre interruption pouvant
faire brûler la pipe ou faire boucher le trou du fourneau par
l'opium qui bouillonne au-dessus.

Bien que l'opium coûte très cher, presque tous les Annamites
et les Chinois fument plus ou moins, et beaucoup d'Européens
ont pris cette malheureuse habitude.

Étant donné que l'opium est un poison, une question se pose:
pourquoi le gouvernement en encourage-t-il la vente en lui
donnant une place officielle et en en tirant un revenu ? La réponse n'est pas facile, cependant l'on peut dire que le monopole
supprimé et la vente même défendue, l'on ne fumerait guère
moins, car une contrebande très active s'établirait de suite,
et le seul résultat serait de priver le budget colonial d'une
source de revenus difficiles à remplacer.

Les villages annamites sont presque toujours situés sur quelque cours d'eau, les agglomérations importantes du moins. Les
maisons de la basse classe, des cultivateurs sont fort simples et
peu coûteuses à construire : quelques bambous ou quelques
troncs d'aréquiers servant de support à une toiture en feuilles
de palmier d'eau, le tout attaché avec des ligatures en rotins.
Quelques branches encore de palmiers d'eau autour des piliers
pour fermer l'enceinte, et c'est toute la maison. Dans l'intérieur
une ou deux grandes jarres contenant l'eau potable, un lit de
camp qui sert à toute la famille, une table, une petite caisse
contenant les hardes; dans un coin le petit autel de Bouddha
plus ou moins décoré, des fourneaux en terre grossière pour
la cuisine, un pot en terre ou en cuivre pour faire cuire le
riz, quelques bols pour vaisselle et c'est tout; ah! j'oubliais,
toujours un chien au moins sinon deux ou trois. Tout cela, famille, maison et ustensiles, d'autant plus sales que vous êtes
plus éloigné dans l'intérieur.

Les gens aisés déploient plus de luxe dans la construction de
leurs maisons, qu'elles soient en briques ou en beaux bois sculp-
tés; les meubles y sont plus nombreux et mieux faits, mais
nulle part on y trouve le confortable comme nous l'entendons,
et partout la propreté y est une qualité bien rare. Chaque ag-

glomération a son marché et sa maison commune où se réunissent les notables pour discuter les intérêts du village. Depuis longues années, l'organisation communale est très complète chez les Annamites.

La commune est dirigée par les notables dont le moins influent ou quelque autre choisi par eux remplit les fonctions de maire ou ong-xa. La réunion d'un certain nombre de communes forme un sous-canton dirigé par un sous-chef de canton. Deux sous-cantons forment le canton, dirigé par le chef de canton ou tong. Deux cantons forment un huyen, dirigé par un huyen dont le rang est à peu près celui du sous-préfet chez nous. Deux huyens forment un phu, administré par un phu, qui est l'équivalent de nos préfets. Au-dessus et à côté de cette organisation compliquée par d'autres grades et d'autres fonctions trop longues à énumérer ici, se tient l'administration française qui s'y est superposée sans rien changer à l'ordre qu'elle a trouvé établi. Elle n'a changé que les hommes lorsqu'elle l'a cru nécessaire à sa sûreté.

L'Annamite est très attaché à sa commune et au sol, à sa rizière; rarement une propriété est mise en vente par un Annamite, et quand cela arrive il cherche toujours à réserver l'avenir; il ne fait guère que des ventes à réméré, se réservant dans un temps donné de racheter si la fortune lui devient plus favorable. Il est aussi très attaché à ses anciens usages qu'il est bon de ne pas heurter en face. L'Annamite est envers ses chefs d'une soumission exemplaire, à laquelle il a été plié dès l'enfance dans sa famille même; il est donc facile à gouverner.

Tout ce que j'ai dit au sujet du caractère du peuple annamite explique combien il est peu dangereux de voyager dans l'intérieur de la Cochinchine où l'on ne court réellement de danger sérieux que ceux du climat. Les rares Européens auxquels soit à terre soit en bateau, il a pu arriver des accidents ou qui ont été assassinés par des indigènes se sont presque toujours attiré, leur sort par leurs violences, leurs mauvais traitements et l'ont par conséquent mérité. Du reste où n'arrive-t-il pas des accidents, où ne se commet-il pas des assassinats? les pays les plus civilisés n'en sont pas exempts.

Il serait de même facile de parcourir tout l'empire d'Annam, n'était l'hostilité des mandarins.

Pour ce qui est du Tonquin, dont j'aurai à parler tout à l'heure, en dépit du traité de commerce, les obstacles sont doubles, venant et des mandarins et des bandes chinoises désignées sous le nom de Ke-ki ou pavillons noirs, qui occupent une partie du pays et particulièrement le fleuve. Le peuple annamite livré à lui-même ne nous est nulle part hostile.

Tout ceci revient à dire qu'en Cochinchine les voyages sont faciles, et que de la part des hommes au moins l'on ne court que de bien rares dangers. Si cela enlève à vos yeux beaucoup de leur mérite à mes excursions, songez, je vous prie, que bien des voyageurs, qui n'ont pas cette franchise, n'ont pas réellement couru plus de dangers que moi; que dans la plupart des récits de voyage il y a beaucoup trop de charlatanisme, et qu'il est vraiment temps de dire simplement la vérité.

On voyage tellement aujourd'hui que les moyens de voyager se perfectionnent rapidement; tous ces mensonges deviendront bientôt faciles à contrôler et finiront en fin de compte par retomber sur leurs auteurs.

Le proverbe : « A beau mentir qui vient de loin » a fait son temps; les grands voyages ont assez de réelle poésie sans avoir besoin de s'entourer de tous ces moyens et de dangers imaginaires; il y a assez des dangers vrais pour donner de l'intérêt aux récits de voyages ; que chacun se contente donc de dire ce qu'il a vu.

Les voyages en Cochinchine ne sont guère possibles et agréables que pendant la saison sèche, c'est-à-dire de novembre à mai, surtout pendant les mois de décembre, janvier et février, les meilleurs de l'année, pendant lesquels le thermomètre descend quelquefois à 18° au-dessus de 0, tandis que pendant les autres mois il se maintient entre 27 et 34. Les mois les plus dangereux sont mars, avril et mai, ces deux derniers surtout qui sont la transition entre la saison sèche et la saison pluvieuse ; de petites pluies tombent pendant ces mois-là et font sortir de la boue calcinée dont est composée la plus grande partie du sol cochinchinois, des émanations délétères qui rendent fré-

quents les accès de fièvre pernicieuse. La mortalité dans cette
époque de transition est aussi considérable que pendant tout le
reste de l'année.

Partant de Saïgon selon que l'on se dirige vers l'est ou vers
l'ouest, la Cochinchine se présente sous deux aspects bien différents; l'est est le pays des grandes forêts peuplées de cerfs de
différentes espèces, d'éléphants, de tigres, de paons, d'argus,
de coqs sauvages. L'ouest est plus riche en cultures, mais bien
plus pauvre comme aspect, c'est le pays de la rizière s'étendant
quelquefois à perte de vue. Là, ne vit que le gibier d'eau ou de
marais, la bécassine, l'ibis, le pluvier, le canard sauvage, la sar-
celle. Partout à l'est et à l'ouest, que l'on marche dans la vase
jusqu'aux hanches ou que dans les grandes forêts, l'on se déchire
dans les épines, la chasse est dangereuse pour la santé et toujours
fort pénible. On paye fort cher quelques beaux coups de fusil.

Les voyages dans l'intérieur de la Cochinchine se font tout
autrement qu'en France; la route de terre est peu importante,
peu commode, souvent à moitié détruite dans la saison des
pluies, coupée à tous moments par des bras de fleuves. La
route de terre est en général impraticable aux voitures et difficile à cheval; à pied il n'en peut guère être question pour
l'Européen. La vraie route, la seule commode, c'est celle qui
marche, le fleuve et ses nombreux affluents reliés par des ca-
naux naturels ou creusés par la main de l'homme. Le bateau
annamite est réellement la perfection en fait de moyen de loco-
motion. Le sampan est une barque à quille ronde, prenant peu
d'eau et fort solide, recouverte d'un pont en petites planches
mobiles permettant, en déplaçant peu d'entre elles, de prendre
dans le fond du bateau les objets immédiatement nécessaires.
Sur ce pont s'élève en demi-cercle et se reliant d'un et de
l'autre bord une toiture faite de bambous et de feuilles de palmiers d'eau, le tout solidement cousu et attaché avec des liens
en rotin; on est là-dessous à l'abri du soleil, et l'on peut lire,
manger et dormir sans danger en abritant d'une couverture
celle des deux ouvertures de l'avant ou de l'arrière par laquelle
le soleil pourrait traîtreusement se glisser.

L'on est là-dedans comme dans une chambre un peu étroite à la vérité, mais pouvant cependant contenir tous les objets qui peuvent vous être utiles en voyage. On trouve de ces bateaux de toutes dimensions. L'avant et l'arrière non pontés et où se meuvent les rameurs, peuvent être isolés de la partie couverte; on est donc bien chez soi, si l'on veut. Comme lit, on peut avoir un de ces matelas cambodgiens qui se plient de façon à tenir peu de place le jour et que l'on étend la nuit en s'abritant des moustiques, qui des deux rives peuvent fondre sur vous, au moyen d'un moustiquaire attaché par les quatre côtés à la toi‑ ture du bateau et replié sous le matelas L'on dort là paisible‑ ment bercé par les flots et le chant monotone dont les rameurs s'accompagnent en ramant debout suivant la méthode des Annamites.

Un domestique indigène, qu'il est bon d'emmener dans ces voyages, vous sert à la fois de cuisinier et d'interprète.

Rien d'agréable, selon moi, comme cette manière de voyager, et il m'est arrivé de passer ainsi plus d'un mois, m'arrêtant où je voulais, ne restant dans un endroit qu'autant que je m'y plaisais, promenant ma fantaisie d'un bout à l'autre de la Co‑ chinchine, voyant beaucoup sans travail ni fatigue. Souvent, cependant, quelques jours après le retour, les conséquences de de cette vie en plein air au milieu des vases que le fleuve et sur‑ tout ses plus petits affluents laissent à sec au retrait de la marée se faisaient sentir et durement quelquefois, c'étaient alors des accès de fièvre intermittente et au retour de chaque voyage l'anémie s'affirmait davantage. A peine remis cependant, je rêvais de nouvelles excursions jusqu'au jour où, à la suite d'un de ces grands voyages, la fièvre qui m'avait sérieu‑ sement saisi ne voulut plus me quitter. L'anémie et la fièvre me conduisirent si loin en moins de vingt jours, qu'il fallut songer à rentrer en France, je m'y décidai et il était vraiment temps.

Cependant cette existence large et facile, cette commodité des déplacements a de telles attractions que je me promets bien de la mener de nouveau et, tout en m'entourant de plus de précau‑

tions, de faire encore quelques beaux voyages, et cette fois par
delà les frontières de la colonie.

Il est sur le climat de la basse Cochinchine des préjugés à
combattre : sans vouloir faire le panégyrique d'une colonie assez
riche d'avenir et assez bien dotée pour, dès qu'elle sera connue,
faire tomber les idées fausses répandues sur son compte, je
crois devoir dire quelques mots au sujet de la terrible réputation qui lui est faite. Bien des écrivains qui souvent n'ont vu
la Cochinchine que dans des ouvrages de certains auteurs
intéressés à exagérer les mérites de leurs excursions et les
dangers courus, se sont fait l'écho de racontars plus ou moins
authentiques. Ainsi dans une conférence faite, le 9 mars de
cette année, par M. le docteur Dutrieux à l'Union syndicale sur
la question africaine, je lis avec étonnement cette phrase vraiment malheureuse : « Le climat de côte du Zanguebar est encore préférable à celui de la Cochinchine où il est sans exemple
qu'un fonctionnaire français puisse rester plus de deux ans
consécutifs. » Je n'entretiens personnellement aucune inimitié
contre le Zanguebar, seulement je me demande quel intérêt
peut avoir ce pays à faire courir d'aussi vilains bruits sur notre belle colonie.

Je m'inscris en faux contre ces allégations calomnieuses qui
peuvent faire le plus grand tort à la Cochinchine en détournant
beaucoup de personnes de l'aller voir ou d'y laisser partir les
leurs. J'ai habité trois ans et demi la Cochinchine, n'en déplaise
à M. Dutrieux, et les dangers que ma santé a pu y courir ont
été dus en grande partie à des imprudences en m'exposant trop
au soleil du milieu du jour ou à mes voyages en sampan. J'ai
en dépit de tout fort bien résisté et compte résister encore. Je
vous prie de croire que beaucoup de ce qui a été dit sur l'insa-
lubrité de la Cochinchine est exagéré ; on peut vivre très bien
à Saïgon en s'entourant du confortable nécessaire, et y vivre
fort longtemps. Je puis citer des exemples nombreux d'Européens habitant depuis cinq, six, sept années consécutives la colonie et n'étant pas sérieusement malades. Des missionnaires y
sont depuis quinze, vingt et trente ans même comme le P. Cor-

dier et s'y portent bien. Je puis citer des Français comme M. Bernard qui habite la Cochinchine depuis seize ou dix-sept ans, comme M. Pillet établi à Bentré qui habite la colonie depuis plus de quinze ans. Tout ceci ne veut pas dire que ce soit un pays bien sain, mais qu'en s'entourant de précautions nécessaires on y peut vivre, et qu'à Saïgon surtout la santé de quelqu'un ayant les moyens de vivre largement ne court pas de véritables dangers.

Au nord et au nord-ouest la Cochinchine est bornée par le le royaume du Cambodge placé depuis 1863 sous le protectorat de la France. Ce pays, un peu plus étendu que la basse Cochinchine, est plus pittoresque et plus montagneux; ses produits sont aussi plus divers, mais encore peu ou pas exploités. Une partie du pays est couverte de vastes forêts renfermant les mêmes essences que celles de l'est de la Cochinchine. C'est du Cambodge que l'Annamite tire le buffle sans lequel il ne pourrait pas travailler sa rizière, car il n'a jamais su domestiquer lui-même ce lourd animal si soumis et si docile pourtant qu'un enfant de dix ans en conduit un troupeau. Si le buffle est soumis avec l'Annamite et le Cambodgien, il a en revanche l'Européen en horreur et il est prudent, lorsqu'on va chasser dans les plaines de l'ouest, de se faire accompagner par un Annamite, ne fût-ce que par un enfant, car si vous avez à traverser des plaines où paissent des buffles il pourrait très bien se faire que ces animaux à si lourde apparence vous chargeassent avec fureur et vous courriez, étant seul, un véritable danger. J'ai dû plusieurs fois la vie à mon boy devant lequel ils se sont docilement arrêtés alors qu'ils me chargeaient.

La Cochinchine ne faisant guère d'élève de bétail, tire tous ses bœufs du Cambodge qui fournit à Saïgon toute sa viande de boucherie. La question de l'élève du bétail dans la colonie se pose de plus en plus pressante, car sous ce rapport on peut dire que nous finissons de manger le Cambodge ; il faudra bientôt chercher ailleurs. Déjà l'on commence à faire venir des troupeaux du Laos ; dans peu d'années je ne sais trop jusqu'où il nous faudra remonter pour alimenter Saïgon.

Il y a encore peu de Français établis au Cambodge et ils sont presque tous à Pnum-penh, la capitale. Ce beau pays est mal cultivé par un peuple esclave sur lequel pèse l'abrutissante tyrannie de fonctionnaires rapaces qui ne laissent à leurs malheureux administrés que juste de quoi ne pas mourir de faim. Le roi du Cambodge est le seul propriétaire du sol de son pays ; il dispose à son gré de la vie et de la propriété de ses sujets qui passent la moitié de leur vie à plat ventre ou à quatre pattes, et cela littéralement, devant lui ou ses mandarins. Le roi actuel Norodon Ier est un homme petit, assez laid et peu intelligent. Les habitants de Saïgon, où il vient de temps en temps rendre visite au gouverneur, connaissent bien ce grotesque personnage ; il les a assez fait rire avec sa casquette de général sur son costume cambodgien composé d'un langouti et d'une veste brodée d'or, ou bien avec son habit noir et son chapeau à haute forme auxquels il a fini par se plier. Mais son habit noir ni son chapeau ne l'empêchent nullement de se griser presque toutes les fois qu'il vient à Saïgon, ce qui nuit un peu à la dignité royale.

Espérons que lorsque ce mannequin aura quitté par la mort ou autrement le trône qu'il encombre, la France n'en mettra pas un autre à sa place, et saura annexer à notre colonie de Cochinchine ce beau pays qui la complète si bien.

Il me reste maintenant à vous dire quelques mots d'un pays plus beau et plus important comme population et comme étendue que le Cambodge et la Cochinchine réunis, du Tonkin, en un mot où notre domination est désirée comme un soulagement, espérée comme une délivrance, et où nous avons laissé échapper de si belles occasions de nous établir.

Le Tonkin compte environ 8 à 10,000,000 d'habitants; il est fertile, riche en rizières, en mines de fer, de cuivre, de charbon, de plomb, d'argent et d'or. La population est la même que celle qui peuple notre colonie de la basse Cochinchine ; le caractère des Tonkinois est doux et soumis.

Écrasés d'un côté par les mandarins qui les gouvernent et les pressurent au nom du souverain de Hué, ils sont pillés de l'autre par des bandes chinoises qui lors de la défaite de l'insurrection du Kouang-si se réfugièrent sur le territoire du Tonkin et depuis y vivent à ses dépens. Ces bandits ont établi des barrages sur le fleuve Rouge et perçoivent des droits sur le commerce du pays au détriment du trésor annamite. Les revenus que le souverain de l'Annam tire du Tonkin sont donc très faibles si toutefois il lui en arrive la moindre parcelle ; son autorité sur plus de la moitié du Tonkin est purement nominale ; les vrais propriétaires sont les bandits chinois, appelés les pavillons noirs.

En 1868 et 69, puis en 1870 et 71, un courageux Français, M. Dupuis, avait parcouru et remonté le fleuve le plus important du Tonkin, le fleuve Rouge ou Shong-koï. Dans ces excursions il fit une véritable trouvaille ; cette route pour atteindre les provinces du sud de la Chine que depuis tant d'années les Anglais cherchent à créer à leur profit existait là naturellement. Il était possible de remonter le Shong-koï jusqu'au Yu-nam. Ainsi tandis que les Anglais s'épuisaient en vains efforts pour atteindre ce pays par l'Iraouaddy en créant une route de Bhamo à Thali ou en construisant un chemin de fer de Rangoun aux frontières chinoises, la nature et le hasard qui si souvent nous ont mis en main notre fortune coloniale, faisaient trouver par un Français une route toute créée qui annulait tous les efforts de nos rivaux.

Voyons si cette fois nous saurons comprendre l'importance de cette grande découverte. M. Dupuis en comprit de suite la portée et chercha à en faire profiter sa patrie. Il vint en France demander aide et appui au gouvernement pour une première tentative de commerce avec la Chine par la voie du fleuve Rouge. Il rencontra quelques sympathies, mais aussi de la défiance, beaucoup d'ignorance du véritable état des choses au Tonkin, somme toute une grande irrésolution et de l'hésitation à s'engager. On lui fit espérer beaucoup, on lui promit un appui moral et définitivement on ne l'aida en rien. Il n'en résolut pas moins d'exécuter son projet. Ce n'était pas pour lui une petite affaire ; il y engageait sa fortune, mais doué d'un courage à toute épreuve, certain de la possibilité de l'entreprise, il n'hésita pas un instant.

Dire ici les entraves de tous genres auxquelles se heurtèront les débuts de son expédition m'entraînerait trop loin. Toujours est-il qu'en dépit d'obstacles de tout genre et de l'hostilité des mandarins tantôt déclarée, tantôt couverte hypocritement d'assurances pacifiques, il atteignit le but de son voyage. Sa mission remplie, elle consistait à apporter aux autorités de Yu-nam un chargement d'armes à feu, M. Dupuis lia avec les fonctionnaires chinois des opérations commerciales et industrielles pour l'exploitation de comptes à demi des richesses minières des pays à peu près indépendants qui de ce côté séparent la Chine du Tonkin. Ayant passé des traités importants il redescendit le fleuve jusqu'à Ha noï où il devait prendre des chargements de sel destinés à payer le minerai de plomb et de cuivre que ses associés chinois devaient lui livrer. Là ses projets rencontrèrent de la part des mandarins annamites une hostilité déclarée. Ne voulant pas profiter des offres des gouverneurs du Yu-nam et du Kouang-si qui voulaient l'appuyer d'une armée chinoise, M. Dupuis, Français avant tout, offrit alors au gouverneur de la Cochinchine française, l'amiral Dupré, de rétablir au Tonkin, sous le protectorat français, l'ancienne dynastie nationale des Lé. Il prenait sur lui toute la responsabilité, ne demandant au gouverneur que son appui moral et tout au plus deux cents soldats français. Avec cela il se faisait fort de soulever la population tonquinoise et de chasser les représentants de la cour de Hué souverainement détestés dans le pays.

Il ne fut pas compris : l'amiral Dupré, tout au contraire, lui envoya l'ordre de quitter le Tonkin, lui déclarant que s'il n'obéissait, il le laisserait se tirer seul d'affaire et que les Annamites étaient parfaitement en droit de le chasser par tous les moyens de leur territoire.

Il est à remarquer que l'Annam relève nominalement de l'empire chinois, que chaque souverain annamite reçoit l'investiture lorsqu'il monte sur le trône des mains de son suzerain l'empereur de Chine par l'intermédiaire du vice-roi de Canton. Or M. Dupuis chargé par ce dernier d'une mission au Yu-nam, autorisé par lui à traverser le Tonquin et à y commercer, n'avait nullement besoin de l'autorisation de la France. Son patriotisme, son désir d'ouvrir à son pays un nouveau champ d'activité commerciale et d'augmenter son influence dans l'extrême Orient le poussaient seuls à demander une intervention française.

Pour éviter tout malentendu à la réception de la lettre de l'amiral, M. Dupuis envoya de suite son second, M. Millot, à Saïgon pour expliquer sa situation au gouverneur et lui ouvrir les yeux.

Celui-ci parut enfin comprendre, mais sa réponse assez étrange fut celle-ci : « Éviter tout conflit pour lui permettre d'intervenir à son heure. »

Tous ces retards venant de l'hostilité des mandarins et de l'indécision du gouverneur portaient cependant un préjudice considérable à M. Dupuis qui, de ce chef, réclamait 1,200,000 fr. d'indemnité au gouvernement annamite. Il se décida à remonter de nouveau au Yu-nam avec une partie seulement du chargement promis à ses associés et consistant principalement en sel. De cette façon il évitait de nouveau les conflits et donnait à l'amiral Dupré le temps de choisir son heure. En remontant le fleuve, M. Dupuis détruisit le long de sa route quelques fortins destinés à l'empêcher de passer et d'où l'on avait tiré sur ses hommes. Arrivé à Kouan-ce, dernier poste annamite de la frontière, M. Dupuis y établit une partie de son monde, laissa continuer leur voyage vers le Yu-nam à ses jonques et revint à Ha noï attendre les évènements. On était en octobre 1873, le gouverneur avait enfin trouvé l'heure propice, mais n'osant ou ne voulant prendre sur lui une action offensive contre l'Annam, il s'était arrêté à un terme moyen. Soit qu'il eût mal compris la situation et les avantages qu'il en pouvait retirer, soit que les intrigues des ambassadeurs annamites l'eussent emporté dans ses conseils, il envoyait le lieutenant de vaisseau Francis Garnier avec la mission de faire une enquête sur les évènements du Tonkin. Il est permis de croire, aujourd'hui, que les faits sont connus, que le gouverneur de la Cochinchine voyait de mauvais œil un commerçant frayer les voies et devancer l'action militaire, la forcer même pour ainsi dire en agissant en dehors d'elle. Loin de songer à conquérir le Tonkin, le gouverneur voulait seulement conclure avec l'Annam un traité de commerce. M. Garnier heureusement, une fois sur les lieux et aux prises avec les fonctionnaires annamites, se lassa vite des obstacles qui lui furent suscités, il reconnut les droits de M. Dupuis à une indemnité, approuva sa conduite et lui demanda sa coopération pour une action combinée et énergique contre le vice-roi d'Ha noï et le grand maréchal Nguyen, gouverneur du Tonkin pour l'Annam.

Sa première mesure fut de déclarer le Tonquin ouvert au commerce du monde entier sous la protection du pavillon français.

Je ne décrirai pas les péripéties de cette lutte qui commença par la prise de la citadelle d'Ha noï et se termina si malheureusement par la mort de M. Garnier. Cette mort n'entraînait nullement la perte des postes conquis, c'était un accident malheureux, mais nullement un désastre. Si le successeur de Garnier avait été animé des mêmes idées que lui, l'expédition se fût continuée. Le peuple se déclarait de toute part pour nous, le triomphe était certain. Malheureusement ce successeur fut le lieutenant de vaisseau Philastre qui, se trouvant sur les lieux et bien que sans ordre à ce sujet, animé d'intentions toutes différentes de celles de Garnier, désireux avant tout de plaire aux Annamites, abandonna tous les avantages déjà obtenus et donna pleine satisfaction à la cour de Hué en expulsant M. Dupuis du Tonkin. Le résultat fut la ruine de cet homme courageux, et pour compensation de tout ce qu'elle abandonnait, la France obtint seulement un traité de commerce dérisoire dans lequel on lit entre autres clauses celle-ci :

« Les sujets francais ou annamites de la France et les étrangers en général pourront naviguer et commercer entre la mer et la province de Yu-nan par la voie du fleuve Rouge, moyennant l'acquittement des droits fixés et à la condition de s'interdire tout trafic sur les rives du fleuve entre la mer et Ha noï et entre Ha noï et la frontière de Chine. »

Somme toute, ce traité appelé, je ne sais pourquoi, traité de commerce entre la France et l'Annam, a pour but de nous interdire tout commerce au Tonkin sauf sur deux points, Ha noï et Hayphong. Il autorise uniquement à remonter le fleuve Rouge pour commercer avec le Yu-nan, avec défense de s'arrêter dans le Tonkin et surtout d'y faire du commerce. En réalité le Tonkin nous est aussi fermé qu'avant l'expédition, et le traité est resté lettre morte pour tout ce qui pouvait nous être un peu avantageux.

Depuis cette époque, M. Dupuis en est encore à réclamer l'indemnité qui lui est légitimement due pour les préjudices qui lui ont été causés par le gouvernement annamite. L'amiral Dupré l'a sacrifié sans compensation pour la France.

En terminant, je me permettrai de demander à la Société d'émettre le vœu que nos gouvernements s'occupent un peu plus de nos colonies et surtout de la question de l'ouverture du Tonkin au commerce français et de la conclusion d'un traité de commerce plus sérieux que celui du 10 mars 1874.

Croyez, Mesdames et Messieurs, que tous les Français qui habitent la Cochinchine seront de cœur avec vous et applaudiront à toute manifestation dans un but si désirable.

FIN

LYON. — IMPRIMERIE PITRAT AÎNÉ, RUE GENTIL, 4.

www.ingramcontent.com/pod-product-compliance
Lightning Source LLC
Chambersburg PA
CBHW051331050726
47595CB00006B/2313